LAS REVOLUCIONES INDUSTRIALES

El nacimiento del mundo moderno

Por Jérémy Rocteur
En colaboración con Thomas Jacquemin
Traducido por Laura Bernal Martín

Historia en50MINUTOS.es

LAS REVOLUCIONES INDUSTRIALES

- **¿Cuándo?**
  - La Primera Revolución Industrial comienza en 1750 y termina en 1850.
  - La segunda se inicia en 1870 y finaliza en 1914.
- **¿Dónde?** En Europa y en los Estados Unidos.
- **¿Contexto?** El aumento de la población y de la demanda requiere un ritmo de producción más acelerado. Para lograrlo, deben realizarse mejoras en varios sectores, que serán mecanizados de forma gradual.
- **¿Principales protagonistas?**
  - John Kay, inventor británico (1704-c. 1780).
  - James Watt, ingeniero y mecánico escocés (1736-1819).
  - Carl Benz, ingeniero alemán (1844-1929).
  - Thomas Edison, inventor estadounidense (1847-1931).
- **¿Repercusiones?**
  - Una transformación económica sin precedentes.
  - La aceleración del crecimiento demográfico.
  - La aparición de nuevas clases sociales.
  - La Tercera Revolución Industrial.

Desde finales del siglo XV, Europa experimenta un lento crecimiento económico marcado por crisis que se repiten constantemente. En Inglaterra, sin embargo, este se acelera en la segunda mitad del siglo XVIII gracias a una explosión demográfica que requerirá el establecimiento de un ritmo de producción más acelerado. El sector textil es el primero en verse afectado por la mecanización, seguido de los sectores metalúrgico y minero. Los cambios que se producen son tan importantes que se habla de «Revolución Industrial».

No obstante, los acontecimientos que tienen lugar en esta época hasta el siglo XXI no constituyen una verdadera ruptura con relación a un antiguo orden. Sería más correcto hablar de un fenómeno de industrialización cuyo impacto en la historia humana es, sin lugar a dudas, innegable. Por primera vez, los medios de producción de los bienes materiales se desarrollan en todos los sectores, lo que transforma profundamente la vida cotidiana de la gente.

De una sociedad occidental esencialmente agraria y definida por un bajo crecimiento, se pasa a una sociedad industrial y comercial que se caracteriza por la búsqueda constante de mejoras para aumentar la capacidad productiva. Estos cambios, por supuesto, conllevan consecuencias económicas, sociales, ambientales y políticas. Sin embargo, lejos de ser un proceso único y repetitivo, la historia de las revoluciones industriales abarca varios siglos y se sigue escribiendo en la actualidad.

CONTEXTO

INGLATERRA, EN LOS ORÍGENES DE LA ERA INDUSTRIAL

A partir de finales del siglo XVII, la población británica crece de forma espectacular. Al contrario de lo ocurrido en los siglos anteriores, en los que los picos de natalidad eran contrarrestados por una fuerte mortalidad, esta última disminuye poco a poco. De seis millones de personas en 1760 se pasa a doce millones en 1820. Aunque este crecimiento aporta una considerable mano de obra agrícola, el número de bocas que alimentar también aumenta, y lo hace mucho más rápido.

Consciente de esto y beneficiándose de un clima favorable, Gran Bretaña es el primer país europeo en entrar en la era de la industrialización. Este avance, que la sitúa por delante del resto continente, se explica por factores económicos, políticos y sociales.

Un mercado floreciente

Sus mercados, tanto internos como externos, son grandes y prósperos. De hecho, a diferencia de la mayoría de los países europeos, Inglaterra carece de aduanas desde principios del siglo XVIII. Por lo tanto, el precio de los productos de importación no se incrementa. Este es un elemento importante para un país que tiene muchas colonias de las que puede obtener los recursos necesarios para la producción de sus productos. Además, Inglaterra cuenta con un subsuelo rico en materias primas fácilmente explotables. En él se encuentran, entre otros, carbón y hierro, que son esenciales para el buen funcionamiento industrial. Su transporte se ve facilitado por una red de comunicación altamente desarrollada para la época, así como por los numerosos ríos existentes en el territorio. Estos últimos son de suma importancia, ya que no solo permiten que circulen las materias primas y los productos, sino que también hacen posible poner en marcha la maquinaria con mayor facilidad.

La economía del país también es fuerte. Su moneda (la libra esterlina) está presente en todos los continentes y además se convertirá en la moneda del comercio internacional en el siglo XIX. Finalmente, los sistemas financieros y bancarios se concentran en la parte central de Londres, la City, fortaleciendo aún más su economía.

Una política favorable al desarrollo industrial

El Estado también desempeñará un papel importante en la revolución venidera. El gobierno inglés se encuentra en el origen de una serie de leyes favorables a la educación científica y a la industria. Además, le otorga una cierta autonomía a los responsables locales, más conscientes de las realidades y de las necesidades económicas de su región, lo que les permite tomar decisiones con el fin de facilitar su industria.

Sin embargo, para el historiador francés François Cochet (nacido en 1954), el factor clave de la precocidad británica en la Revolución Industrial tiene más que ver con la madurez política y la apertura social del país, consecuencias de las revoluciones del siglo XVII. De hecho, la monarquía es menos absoluta que en el resto de Europa y, por lo tanto, no impone su propia visión del mercantilismo.

El siglo XVII en Inglaterra, un periodo de grandes agitaciones

La ruptura entre el Parlamento y el rey Carlos I (1600-1649) marca el comienzo de la Primera Revolución Inglesa (1642-1649), que conduce a la ejecución del soberano y a la proclamación de la Commonwealth, gobierno dirigido por Oliver Cromwell (Lord Protector de Inglaterra, Escocia e Irlanda, 1599-1658).

En 1660 se restaura la monarquía, y el rey Jacobo II (1633-1701), muy autoritario y además católico en un país mayoritariamente protestante, asciende al trono. Las tensiones suavizadas no tardan en reaparecer y las prerrogativas reales disminuyen, principalmente debido a la acción del Parlamento. Progresivamente, el poder se descentraliza y la burguesía ve cómo se refuerza su posición en la sociedad, mientras que la aristocracia territorial pierde su monopolio del poder político. Además, la adopción de la *Bill of Rights* (Declaración de Derechos) en 1689 proclama la prohibición de todas las recaudaciones de impuestos si estas no han recibido el consentimiento previo de los representantes de la nación, y reconoce muchas libertades individuales (libertad de expresión, derecho de petición, etc.). Todo esto ayuda a hacer que la sociedad inglesa sea más individualizada, más abierta y que tenga un menor número de grupos sociales con prácticas sistematizadas, como se observa en otras partes de Europa.

La estructura social particularmente flexible permite a la nobleza invertir en la industria y en las nuevas tecnologías. Entonces, se observa el desarrollo de un espíritu empresarial más importante que en el resto del continente. La demanda de la clase media inglesa, que aumenta a medida que se intensifica el desarrollo del sector terciario (comercio, bancos y profesiones liberales), también participa en el crecimiento global. Además, el rápido aumento de la población pone muchos trabajadores a disposición de las empresas.

Finalmente, el liberalismo económico que prevalece en la época empuja a las personas a intentar enriquecerse. La legislación sobre las patentes es uno de los símbolos de esto: garantiza a los inventores un derecho sobre los beneficios resultantes de la implementación de sus inventos. Así pues, las actitudes son completamente diferentes a ambos lados del canal de la Mancha: mientras que en Francia la burguesía desea ante todo acceder a la nobleza, Inglaterra tiende a aprovechar las oportunidades económicas que se le presentan, que son sin duda menos gratificantes socialmente, pero que resultan más rentables.

LA TEORÍA DEL LIBERALISMO ECONÓMICO

Adam Smith (economista escocés, 1723-1790) es el fundador del liberalismo económico. En su obra titulada *Investigación sobre la naturaleza y causas de la riqueza de las naciones* (1776) analiza el crecimiento económico del siglo XVIII. En su opinión, el progreso económico descansa en la división del trabajo, lo que mejora la capacidad y, por tanto, la productividad de los trabajadores. También recomienda la expansión de los mercados y la política del laissez-faire, de donde viene la elección del término «liberalismo» elegido para describir su doctrina.

Innovaciones para mejorar la producción

Aunque Europa experimenta avances significativos desde el siglo XVI, su aumento es espectacular en las islas británicas durante el siglo XVIII. Esto puede explicarse sobre todo por la ventaja que ofrece a los inventores la legislación sobre patentes, pero también por el hecho de que la máquina parece más eficaz que el trabajo humano, a menudo no disciplinado, al tiempo que permite producir mejor y con mayor regularidad.

La investigación también fomenta el desarrollo de técnicas mediante el método crítico que defiende. A diferencia de la enseñanza tradicional de antaño, en la que se aceptaban las enseñanzas de la religión, a partir de ahora los científicos basan sus hallazgos en una observación sistemática de la naturaleza y sus fenómenos. Así pues, los investigadores no eruditos y los artesanos comienzan a realizar numerosos experimentos y, al hacerlo, los llevan aún más lejos con el fin de obtener un resultado que pueda encontrar aplicación en una invención, sin buscar explicarlo científicamente. Estos, deseando resolver problemas específicos que frenan la producción, desarrollan nuevas técnicas que se sitúan en la base de la Revolución Industrial y que engendran a su vez nuevas innovaciones.

- 8 -

ACTORES PRINCIPALES

JOHN KAY Y LA LANZADERA VOLANTE

Retrato de John Kay. Encima de la mesa hay un ejemplo de lanzadera volante.

Nacido en 1704 en Walmersley, en Lancashire (Inglaterra), John Kay procede de una familia rica de granjeros. Después de la muerte de su padre, deja el colegio a los 14 años para convertirse en aprendiz de un fabricante de telares. Sin embargo, deja su puesto después de solo un mes de formación, afirmando que ya lo sabe todo de la profesión. A pesar de este exceso de confianza que ya le caracteriza, resulta ser un mecánico talentoso. Sus invenciones permiten, especialmente, mejorar considerablemente el tejido, y sus primeras patentes son presentadas ya en la década de 1730.

En 1733 registra una patente para una nueva máquina lanzadera (una máquina de tejer). Esta es más ligera que los modelos anteriores, y se puede utilizar tanto para el tejido de lana como para el de lino. Además, permite trabajar mucho más rápido y necesita menos trabajadores. Es nombrada primero lanzadera sobre ruedas —haciendo énfasis en su movilidad—, para finalmente denominarse lanzadera volante. Aunque la invención le lleva a la fama, la máquina es imperfecta al principio, y se necesitarn varios años para mejorarla. Además Kay desea enriquecerse rápidamente, pero las anualidades que exige por el uso de su máquina son tan altas que muchos tejedores se niegan a pagarlas. Entonces se ve involucra en muchos pleitos, que pierde y que le llevan al borde de la ruina.

A pesar su mal carácter, son muchos los que, años más tarde, vieron en esta invención la genialidad de quien durante mucho tiempo ha sido considerado el fundador de la industria textil británica. Sin duda, John Kay fue un gran inventor y su creación permite aumentar considerablemente la cantidad de tejido, un tejido que exige a su vez una mejora del hilado —porque sin hilos no se puede tejer—, lo que finalmente pone en marcha la dinámica de la Primera Revolución Industrial. Sin embargo, habrá que esperar casi 60 años para que su máquina volante se imponga en todo el país.

En 1747, cargando el peso de sus deudas, se ve obligado a emigrar a Francia, donde obtiene el privilegio de ser el único fabricante y vendedor de sus máquinas. Muere durante el invierno de 1780-1781 en el sur de Francia.

¿SABÍAS QUE...?

John Kay se convirtió en una leyenda en la Inglaterra del siglo XIX. Sus primeros biógrafos difundieron falsos mitos sobre él, y no dudaron en presentarlo como un inventor cuyo talento nunca fue premiado y que finalmente murió sumido en la pobreza.

JAMES WATT Y LA MÁQUINA DE VAPOR

Retrato de James Watt, cuadro de Carl Frederik von Breda.

Nacido en 1736 en Greenock (Escocia), James Watt, un autodidacta apasionado de la mecánica, comienza muy temprano a realizar trabajos manuales gracias a la tienda de venta y reparación de instrumentos náuticos de su padre. En 1755, viaja a Londres para aprender a fabricar instrumentos científicos, y a continuación regresa a su país natal, donde es contratado por la Universidad de Glasgow en 1757. En el marco de sus funciones, es responsable de la reparación de la máquina de vapor de Thomas Newcomen (mecánico inglés, 1663-1729). Le aporta numerosas mejoras, financiadas por el empresario John Roebuck (1718-1794) y por el químico Joseph Black (1728-1799), entre las que destaca la que busca limitar la pérdida de vapor producida por el motor. Watt mejora considerablemente la eficacia del motor mediante el uso de una cámara de condensación separada, eliminando así la necesidad de enfriar el motor regularmente. Con su primer motor, James Watt obtiene una patente en 1769 y, desde la década de 1770, dedica todo su tiempo a la fabricación del mismo, llegando incluso a elaborar los primeros en 1776.

Reproducción de una máquina de vapor diseñada por James Watt.

Entonces, los empresarios británicos se hacen con la invención de Watt y la perfeccionan para que pueda adaptarse a otros motores industriales. Pero el motor que ha diseñado resulta ser demasiado grande y no permite la suficiente presión para hacer funcionar numerosas máquinas. Por lo tanto, es rápidamente superado por la competencia de la energía hidráulica. Hay que esperar a las mejoras introducidas por Richard Trevithick (ingeniero británico, 1771-1833) para que el motor sea lo suficientemente potente como para equipar los barcos de vapor y las locomotoras sobre rieles.

James Watt muere en 1819 en Heathfield a los 83 años de edad.

KARL BENZ Y EL MOTOR DE COMBUSTIÓN INTERNA

Retrato de Karl Benz.

Nacido en 1844 en Karlsruhe, en el estado alemán de Baden-Wurtemberg, Karl Benz no es más que un niño cuando su padre fallece. Comienza a trabajar muy joven para ayudar a su madre a cubrir las necesidades de la familia: es así como se convierte en reparador de relojes de pared y de pulsera.

Su predisposición para las materias técnicas le permite formarse como ingeniero en el Instituto Politécnico de Karlsruhe. Se especializa en el diseño de motores, y su sueño es desarrollar un coche que pueda desplazarse sin ser tirado por caballos o accionado por vapor. Considerando que ha recibido la suficiente formación, abre su propio taller de motores en Mannheim y logra atraer a muchos inversores. Con su apoyo financiero, funda una nueva compañía que espera le permita realizar su tan soñado motor. Sin embargo, a pesar de la rentabilidad de la empresa, los accionistas no están dispuestos a seguirlo por este camino, que consideran demasiado arriesgado. Entonces, decide dejar la fábrica.

En 1883, con la ayuda de nuevos inversores, funda su tercera empresa, a la que da su nombre, Benz & Co. Los nuevos accionistas ahora lo apoyan en su proyecto de fabricación de coches. Dos años más tarde, su sueño finalmente se hace realidad con el desarrollo de un triciclo motorizado, el primer coche sin caballos propulsado por un motor de combustión interna. Se trata de una verdadera revolución, porque desde el comienzo de siglo hasta entonces no se habían visto más que vehículos autopropulsados por motores de vapor. El modelo de Benz es mucho más compacto y, sobre todo, mucho más eficiente. La invención es muy bien recibida y parece tener un futuro brillante. Y es con razón:

muchos consideran que el triciclo motorizado de Benz es el primer automóvil de la historia.

Triciclo motorizado de Benz que hace su aparición en 1888.

Pero otro inventor alemán, Gottlieb Daimler (1834-1900), ha patentado unos meses antes un motor de combustión interna. Así pues, es él el inventor original de la primera motocicleta y se convierte en el principal competidor de Benz. Entonces, libran una verdadera lucha en los mercados alemán y francés. Por cuestiones de marketing, Daimler llama a su coche Mercedes, nombre que suena a francés y que es más adecuado para llegar a un público más amplio.

Después de la Primera Guerra Mundial (1914-1918), una depresión económica azota a Alemania. Para hacerle frente, las dos compañías competidoras deciden unir sus fuerzas bajo el nombre de Mercedes-Benz en 1926. Tras esta fusión,

Karl Benz, ya de avanzada edad, abandona la dirección de su fábrica pero sigue siendo un miembro del Comité Ejecutivo hasta su muerte.

Para Karl Benz, el automóvil no tenía que parecerse necesariamente al tradicional carro con cuatro ruedas. De hecho, solo acepta añadir a sus modelos una cuarta rueda bajo presión de sus accionistas.

THOMAS EDISON Y LA BOMBILLA INCANDESCENTE

Retrato de Thomas Edison posando con su bombilla incandescente.

Thomas Edison nace en Milán en 1847, en el estado de Ohio. Tras asistir solo tres meses a la escuela, es su madre la que se encarga de su educación. A los 12 años, comienza a realizar una serie de pequeños trabajos como vendedor de fruta, de periódicos o como operador de telégrafo.

Es un buen observador, y su experiencia como operador de telégrafo le permite hacer mejorar su herramienta de trabajo. Después de haber patentado sus primeras invenciones y de recibir una buena suma por ellas, se rodea de un equipo de químicos, físicos y matemáticos para trabajar en busca de nuevos inventos. A principios de la década de 1870, su actividad se vuelve muy rentable. Destaca su perfeccionamiento del telégrafo, la máquina de escribir o incluso el teléfono, antes de vender sus inventos a grandes compañías. Buscando rodearse de los mejores científicos, su empresa crece y, en pocos años, presenta más de 300 patentes.

Uno de los inventos más rentables y más originales que realiza es, sin duda alguna, el fonógrafo, cuya patente se registra en 1877. El dispositivo de base permitía la impresión en una hoja de metal del sonido, que más tarde podía reproducirse. En pocos años, logra mejorar considerablemente la máquina y su funcionamiento y registra no menos de 80 patentes para este trabajo.

Pero la invención que generalmente se asocia a su nombre no es otra que la bombilla incandescente. Después de probar miles de fibras metálicas y orgánicas para encontrar el mejor filamento posible, Edison se decide por el bambú japonés. Inmediatamente se producen muchas bombillas a bajo precio y, gracias a ellas, Edison participa en el establecimiento de las primeras centrales eléctricas. Esta invención, de gran importancia, va a iluminar el mundo y a llevar a la fama y a la riqueza a su inventor. Todavía llegarán otras invenciones que transformarán el mundo, como el cinematógrafo, la primera cámara de la historia, o la silla eléctrica. Edison muere a la edad de 84 años, dejando tras de sí más de mil patentes.

¿Sabías que...?

Thomas Edison era un verdadero adicto al trabajo. Para él no era raro dormir solo cuatro horas por la noche, o encadenar 50 horas de trabajo. Y con razón: cuando estaba trabajando en un nuevo invento, quería saberlo todo sobre el tema.

LAS REVOLUCIONES INDUSTRIALES

LA PRIMERA REVOLUCIÓN INDUSTRIAL (1750-1850)

El término de revolución no debe entenderse en el sentido de su primera acepción. De hecho, no ha habido un estado inicial de estancamiento económico, seguido súbitamente de un periodo rico en invenciones que habrían dado lugar a los cambios industriales que conocemos. Los países occidentales, de hecho, han experimentado un crecimiento lento marcado por crisis, y esto desde el final de la Edad Media. Este crecimiento se acelera a finales del siglo XVIII, cuando aparecen nuevos procesos que se adoptan poco a poco.

Inglaterra por delante

La Primera Revolución Industrial se desarrolla en el territorio inglés, que presenta uno de los contextos más favorables. Desde el final del siglo XVII se da un espectacular aumento de la población, lo que hace que sea necesario producir más para satisfacer sus necesidades. Por lo tanto, en el siglo XVIII asistimos a la aparición de muchas invenciones, principalmente en los sectores textil y metalúrgico, donde era necesario resolver problemas específicos que ralentizaban la producción. Después, una cosa conduce a la otra: se desarrollan actividades complementarias y se mejoran sus mecanismos, tomando la senda de la industrialización.

El hilado del algodón es uno de los primeros sectores que

se mecanizan, y son muchos los que lo consideran el motor de la industrialización británica. Su mecanización empieza a mediados del siglo XVIII con máquinas como la lanzadera voladora de John Kay, que permite tejer más rápidamente. Por lo tanto, la demanda de algodón hilado aumenta y se hace necesario mejorar el hilado para solucionar los problemas de cuellos de botella en la producción. Del mismo modo, las demás actividades de la cadena de producción, como el blanqueo, deben perfeccionarse a su vez para hacer frente a la demanda, y así sucesivamente. A continuación aparecen innovaciones que afectan esta vez a la metalurgia. Estas se refieren a nuevas fuentes de energía, como el vapor, alimentado a través de un nuevo combustible que se convertirá en el símbolo de la Primera Revolución Industrial, el carbón.

Este aumento de la producción está acompañado por una modernización del transporte. Al principio esto se debe a las inversiones del Estado, que ve en ella la oportunidad perfecta para desarrollar los intercambios y mejorar así el comercio. Seguidamente, las empresas privadas toman el relevo. La Primera Revolución Industrial conlleva principalmente la modernización de las viejas líneas de comunicación: los canales, los puertos y las carreteras. Un nuevo medio de transporte hace su aparición: el ferrocarril. En 1800, el transporte de personas sobre raíles nace en Inglaterra, pero el vehículo todavía es tirado por animales. Con el desarrollo de los raíles en forma de T y de las primeras locomotoras de vapor, se abre al público una primera línea entre Manchester y Liverpool en 1830. Aunque originalmente la velocidad media es de solo 24 km/h, esta evoluciona muy rápidamente, al igual que la capacidad de carga.

Inauguración de la línea que conecta Manchester con Liverpool en 1830.

Si bien aparecen numerosas innovaciones en los ámbitos de la producción y del transporte, estas no sustituyen totalmente a los medios tradicionales. Así, a mediados del siglo XIX, el motor más utilizado en Europa y en los Estados Unidos sigue siendo el molino de agua. Por lo tanto, asistimos al mantenimiento de las antiguas fuerzas (humana, animal e hidráulica), mientras vemos cómo se desarrollan nuevas técnicas y fuentes de energía. Esta complementariedad es también visible en las formas de organización del trabajo que se dan en la época. Mientras que en el continente europeo encontramos una forma de resistencia de la protoindustria, este sistema se desestructura rápidamente en Gran Bretaña. Así, el medio agrícola se desarrolla en medianas y grandes explotaciones, además de en arrendamientos, donde la mecanización permite reemplazar la mano de obra, más cara. Sin embargo, en el resto de Europa, los empresarios están muy apegados a la artesanía, porque los artesanos no tienen exigencias sociales, a diferencia de los trabajadores de fábricas. Entonces, los empresarios juegan con la complementariedad entre ambos sistemas y con los beneficios que pueden ofrecerles en el plano de la organización del trabajo: la mecánica se utiliza para la producción en masa, mientras que el artesanado sigue siendo útil para pedidos más individualizados.

Los cambios que tienen lugar en el proceso de producción son tan importantes que se habla de ellos como una revolución. Es cierto que la sociedad está cambiando: un siglo después del inicio de la Revolución Industrial, casi el 50 % de la población británica trabaja en la industria y vive ahora en zonas urbanas. En total, los trabajadores proporcionan el 20 % de los bienes industriales globales, incluyendo la mitad del hierro, de la ropa de algodón y dos terceras partes del carbón que se utiliza en todo el mundo.

Una parte de Europa con retraso

La situación es más compleja en el resto de Europa, donde la revolución tarda en implantarse. El poder es, de hecho, más centralizado, y el papel desempeñado por el Estado es a menudo más importante que en el caso de sus vecinos al otro lado del canal de la Mancha. La iniciativa privada también es menor y las políticas industrialistas del poder central a menudo no son compatibles con la realidad sobre el terreno. Además, algunos empresarios intentan mecanizar principalmente la industria pesada, como la metalurgia, mientras que Inglaterra había comenzado con la industria textil. La ausencia de una clase media lo suficientemente importante también es una de las principales causas de este retraso. Francia es el mejor ejemplo: los campesinos, que representan la clase más numerosa de la sociedad francesa, no son suficientemente ricos como para poder pagar los nuevos productos manufacturados.

Como se observa, cada país experimenta un proceso diferente. En algunas regiones, y a diferencia de Gran Bretaña, no hay un sector líder capaz de desencadenar el resto de la industrialización, como fue el caso de la industria textil en Gran Bretaña. Algunos intentan desarrollar simultáneamente la maquinaria en todos los sectores, lo que no necesariamente responde a las realidades y necesidades económicas. Otros, como Bélgica, buscan imitar y adaptar las técnicas británicas, pero las dificultades son muchas. En efecto, esto requiere conocimientos técnicos que sólo los trabajadores británicos poseen. Además, la transferencia de tecnología es limitada, ya que Inglaterra prohíbe la emigración de trabajadores cualificados y la exportación de máquinas hasta mediados del siglo XIX. Pero esto no impide que muchos técnicos y trabajadores se instalen en el Viejo Continente para fundar sus propias empresas. Muchos países, esperando que estas estén lo suficientemente desarrolladas como para ser competitivas, deciden proteger sus nacientes industrias modernas mediante la imposición de altas barreras aduaneras a los productos británicos.

Francia, Alemania y Bélgica se industrializan a principios del siglo XIX, y en 1840 alcanzan el mismo nivel técnico que Gran Bretaña. Francia fomenta la emulación científica y desarrolla su sistema educativo con la enseñanza de la mecánica. Alemania, consolidada desde su unificación (1871), hace lo mismo y ve cómo su industria crece a grandes pasos. Bélgica, mientras tanto, se suma en 1830 a la Revolución Industrial y se une rápidamente a las filas de las grandes naciones industriales gracias a la siderurgia, a la minería y a la industria textil, así como a sus importantes inversiones en las redes ferroviarias.

A contrario, otras partes de Europa no conocen un verdadero desarrollo industrial. Este es el caso de Rusia —a pesar de algunos focos de industrialización en vísperas de la Primera Guerra Mundial— y de los países del Mediterráneo. De hecho, a excepción de Italia, que experimenta una considerable industrialización a finales del siglo XIX, Portugal y España no se benefician desde el principio de una modernización de la agricultura. Además, no se observa ningún cambio social fundamental, fuente de una cierta madurez política necesaria para la industrialización; estos países viven en una dependencia económica de Inglaterra que los mantiene en un estado de países proveedores de productos básicos, como el vino.

El resto del mundo

Europa Occidental y los Estados Unidos parecen ser las únicas partes del mundo que han experimentado una revolución industrial en esta época. Sin embargo, se desarrollan embriones de industrias modernas en otras partes del mundo, como en Sudamérica o en el Imperio otomano, pero sin llegar nunca a las dimensiones observadas en el mundo occidental. A pesar del deseo de alcanzar a Occidente mediante políticas de industrialización impulsadas por el Estado, los obstáculos son muchos, especialmente a nivel social. De hecho, la población de estos países vive, en su mayoría, en la pobreza. Además, la élite, poco numerosa, se muestra reacia a un cambio que podría poner en entredicho su dominación social. Así pues, comerciantes, financieros y artesanos siguen sometidos al emperador, al califa o a cualquier otro titular de la autoridad central. Y si logran crear productos manufacturados, se encuentran en una situación de dependencia frente a los mercados extranjeros, a los que necesitan para vender su producción, porque su mercado interno, demasiado débil, no puede absorberla. Los occidentales, en una posición de fuerza, obligan a partir de ahora a estos países a adoptar una política comercial liberal que anula todos sus esfuerzos por conseguir su autonomía.

El caso singular de Japón

Japón es durante mucho tiempo uno de los países más cerrados del mundo. En el siglo XIX, sin embargo, los europeos fuerzan su apertura y lo someten a numerosos tratados desiguales. El emperador Mutsuhito (1852-1912), conocido como Meiji Tennō, decide luchar contra los occidentales en su propio terreno, el de la industrialización, usando la siderurgia gracias a las minas de hierro y a altos hornos que nacen antes de mediados del siglo XIX. Le sigue una modernización forzada del país, que experimenta muchas reformas sociales relacionadas principalmente con las antiguas élites feudales. Rápidamente, las anualidades de tierra de los señores territoriales pasan al Estado, que se desarrolla económicamente incrementando la producción de alimentos, y que lanza una eficaz industria textil. Al mismo tiempo, Japón intenta atraer a técnicos occidentales a través de una remuneración atractiva, mientras que envía muchos estudiantes japoneses a instruirse en las mejores universidades de Europa. Como no puede aplicar aranceles proteccionistas a los países extranjeros debido a los tratados que favorecen a los occidentales, la industria japonesa aprovecha para buscar constantemente nuevas innovaciones.

LA SEGUNDA REVOLUCIÓN INDUSTRIAL (1870-1914)

Durante la segunda mitad del siglo XIX, la situación evoluciona. Nace una nueva generación de inventores que inicia la Segunda Revolución Industrial. Ahora, el científico experimentado sustituye a la figura del hábil artesano, y aplica los resultados de su investigación a las necesidades de las universidades, de los gobiernos y de la industria.

Además, la producción disminuye a partir de 1870, especialmente tras las diferentes crisis que tienen lugar en esa época, pero también porque la oferta crece demasiado en relación con la demanda. Entonces, dos jóvenes naciones, Alemania y los Estados Unidos, ganan importancia y su producción empieza a ser mayor que la de Gran Bretaña. Las últimas tres décadas del siglo XIX verán cómo su tasa de crecimiento se duplica con relación a la de Gran Bretaña.

Se crean nuevas invenciones y surge un nuevo material más resistente y maleable que el hierro: el acero. Si bien su método de fabricación es conocido desde hace siglos, su uso no se había considerado hasta entonces, ya que era especialmente costoso. Sin embargo, a finales del siglo XIX se desarrollan técnicas que permiten obtener grandes cantidades de acero por el mismo precio que el hierro. Entonces, el acero se convierte en la base de todas las nuevas máquinas y tecnologías. En el rango de los principales fabricantes, Alemania produce en vísperas de la Primera Guerra Mundial casi tanto acero como Inglaterra, Francia, Italia y Rusia juntas.

El final de siglo también se caracteriza por la aparición de nuevas formas de energía. ¡Y con razón! Las posibilidades de la máquina de vapor parecen haber alcanzado sus límites. Esta, que es muy contaminante y engorrosa, se sustituye gradualmente por motores de combustión interna, que requieren menos recursos humanos, y que pueden operar a velocidades y ritmos distintos además de ser arrancados o parados con más facilidad. El uso principal de este nuevo invento se realizará en el campo de la automoción. Además, cada vez más ciudades se iluminan de noche gracias al desarrollo y la propagación de la electricidad.

Los principales beneficiarios de esta Segunda Revolución Industrial son los Estados Unidos. En los albores del siglo XX, producen más automóviles que los demás Estados juntos, y son los primeros productores en casi todos los sectores (metalurgia, química, etc.) gracias a un nuevo enfoque de la producción industrial, que se basa en una organización científica del trabajo donde el individuo es responsable de una etapa bien definida del proceso, lo que permite una producción en masa mayor que en el pasado.

¿EXISTE REALMENTE UNA SEGUNDA REVOLUCIÓN INDUSTRIAL?

El tema todavía es discutido por los historiadores. Efectivamente, a partir de los años 1870 constatamos la aparición de una nueva generación de científicos experimentados, que basan sus inventos en el conocimiento aplicado. También surgen nuevos inventos, pero a veces se necesitan varias décadas para concretizar sus verdaderas aplicaciones. Así, Zénobe Gramme (electricista e inventor belga, 1826-1901) presenta en 1869 una patente para un generador de corriente continua, pero la electricidad no se puede utilizar realmente hasta la llegada de la bombilla incandescente desarrollada diez años más tarde por Thomas Edison.

Para algunos historiadores, esta segunda revolución es, por tanto, una prolongación de la primera. De hecho, no hay una revolución energética comparable a la que lleva al carbón al poder gracias a la máquina de vapor. Solo el automóvil participa realmente en la dinámica de la industrialización a través del motor de combustión interna, que sustituye a la máquina de vapor como herramienta. El carbón, mientras tanto, seguirá siendo la principal fuente de energía hasta la década de 1920.

REPERCUSIONES

CUANDO LA ECONOMÍA SE CONVIERTE EN GLOBAL

Los numerosos cambios en el transporte y el desarrollo de la red marítima (excavación del canal de Suez en 1863 y del de Panamá en 1914) permiten transportar enormes cantidades de mercancías a distancias más largas. Se intensifica el comercio, y la economía se globaliza cada vez más.

Estos cambios generan una nueva concepción de los negocios: se multiplican las sociedades anónimas (S. A.), que permiten limitar a sus propias inversiones la responsabilidad de sus miembros; y las empresas se agrupan formando consorcios, cárteles, trust y otras sociedades de cartera. Los bancos de negocios también van en aumento y aparecen en las grandes ciudades bolsas de comercio (negociaciones de mercancías producidas, en producción o que van a producirse) y de valores (negociaciones de títulos de acción o de obligación).

También cabe señalar que, contrariamente a lo que se suele pensar, en el siglo XIX las grandes fábricas siguen siendo escasas. De hecho, en la segunda mitad de siglo, el tamaño promedio de las empresas gira en torno a diez trabajadores, y la concentración de mano de obra avanza muy lentamente. Finalmente, las revoluciones industriales cambian la fisonomía de las crisis económicas. Anteriormente caracterizadas por una producción insuficiente, ahora toman la forma de crisis de sobreproducción.

EVOLUCIONES APROVECHADAS POR EL SECTOR ARMAMENTÍSTICO

En 1914, en vísperas de la Primera Guerra Mundial, las potencias industriales occidentales dominan más del 80 % de los territorios mundiales. Su tecnología resultante de la industria civil ha encontrado muchas aplicaciones en el ámbito armamentístico. Se mejora constantemente la precisión, así como la velocidad de recarga de las armas o la potencia de los explosivos. Después de la potencia del vapor y de la electricidad, llega la potencia para matar. La Primera Guerra Mundial revela de manera sangrienta los desarrollos logrados en materia armamentística en un siglo.

LAS TRANSFORMACIONES DEMOGRÁFICAS

El crecimiento demográfico se acelera en el siglo XIX en los países industrializados, tras el aumento de la esperanza de vida de las clases altas de la sociedad gracias al considerable progreso de la medicina. Así, la Revolución Industrial da lugar a un crecimiento inaudito de la población, a una urbanización y a una contaminación sin precedentes en la historia de la humanidad.

Pero, al principio, dicha revolución provoca una disminución considerable de la esperanza de vida, particularmente dentro de las clases trabajadoras. Los científicos tardaron mucho tiempo en comprender que las condiciones de higiene y de salud humana estaban relacionadas con este fenómeno. En concreto, es gracias a la mejora de las técnicas de investigación que se podrán identificar las causas de numerosas enfermedades. De hecho, en la Segunda Revolución Industrial se desarrolla la síntesis química. A principios del siglo XIX, surgen los primeros medicamentos, nuevos abonos que permiten obtener mejores rendimientos agrícolas, etc.

A excepción de Gran Bretaña, todas las empresas son predominantemente rurales hasta mediados del siglo XIX. El sector agrícola, sin embargo, tiende a debilitarse debido a la carga ocasionada por la industrialización y por la urbanización de las masas rurales. El éxodo rural, al principio progresivo y a menudo temporal, se acelera y se amplifica con la industrialización, lo que provoca la ruina de la artesanía rural, empezando por la textil. La ciudad atrae y fija a los trabajadores en fábricas. De 1851 a 1910-1914, la proporción de población urbana sobre el total de la población en Gran Bretaña pasa del 48 al 73 %, en Francia del 25,5 al 44,2 %, en Rusia del 7,8 al 19,6 %, y en los Estados Unidos aproximadamente del 11 al 45,7 %.

Además, la industrialización y la revolución del transporte provocan el crecimiento explosivo de las localidades y, especialmente, la formación de grandes ciudades que superan el millón de habitantes. La ciudad sobrepasa sus murallas —cuando no las destruye—, se extiende hacia la periferia a lo largo de las líneas de comunicación y crece verticalmente en el centro. En su seno existe una segregación social, que le reserva a los ricos los mejores barrios y confina a los más pobres a las zonas desfavorecidas y a las ciudades industriales de la periferia.

En el siglo XIX, también somos testigos de la explosión de la emigración. Los grandes flujos migratorios son intercontinentales, y conciernen principalmente a los europeos, de los cuales unos cuarenta millones emigran a América. La causa principal de partida es la miseria generada por los cambios estructurales y las crisis periódicas que afectan a la vida económica de los países de los que proceden. A ello se suma la atracción que ejercen los países de acogida (los Estados Unidos, Canadá, Brasil, Argentina y Australia), que prometen, especialmente, aventura y riqueza.

LA REORGANIZACIÓN DEL ORDEN SOCIAL

La clase obrera

Las condiciones materiales de la clase obrera son difíciles de describir. La remuneración varía según la región o la fábrica. En algunos casos, los empleadores son ellos mismos los responsables de mantener a sus trabajadores. Lanzan auténticas políticas patronales de gestión de mano de obra para quedarse con los trabajadores cualificados en su fábrica a través de una serie de ventajas. Por ejemplo, ofrecen alojamientos, escuelas y se encargan de pagar las pensiones. También se comprometen a supervisar y a apoyar moralmente a los trabajadores, cuya vida está casi totalmente controlada por su jefe.

Sin embargo, con la abundancia de mano de obra que abandona el campo, las condiciones de trabajo se deterioran rápidamente: las jornadas de trabajo superan a menudo las 12 horas, el trabajo infantil es cada vez más común (de hecho, ninguna legislación tratará este tema hasta 1850), mientras que los jefes buscan incansablemente aumentar la producción. En este proceso, les será de ayuda la aparición de la electricidad, que permitirá la banalización del trabajo nocturno.

A estas difíciles condiciones de trabajo a menudo se añaden condiciones de vida miserables. El éxodo rural masivo hace que las ciudades estén superpobladas. La urbanización salvaje de las zonas industriales reduce en gran medida la calidad de vida: no hay un plan general previsto para dar cabida a los trabajadores, hay una falta de espacio y el aire está contaminado por el humo del carbón. En consecuencia, asistimos a una regresión de la salud pública y al aumento de la mortalidad entre los trabajadores, al mismo tiempo que las epidemias causan estragos. A todos estos males hay que añadir otro, una verdadera epidemia social de los tiempos modernos: el alcoholismo.

La fundición (Cíclopes modernos), cuadro de Adolph von Menzel que representa las condiciones de trabajo de los obreros a finales del siglo XIX.

La gran burguesía de negocios y la nobleza

La gran burguesía de negocios aparece con la Revolución Industrial. Su audacia, su éxito y su fortaleza financiera adquirida a través de la aparición de la industrialización permiten que participe más en las decisiones políticas. Sin embargo, entra cada vez más en conflicto con la clase obrera, y estas tensiones aumentan a finales del XIX. De hecho, los industriales usan la mecanización para mantener los salarios bajos, una medida que es fuente de consecuencias desastrosas para los trabajadores. La demanda de trabajadores disminuye y su miseria no hace más que aumentar. Al no poder encontrar trabajo, muchos ven en la emigración una oportunidad para salir adelante.

La nobleza, por su parte, conserva su prestigio social a través de sus propiedades territoriales. Con todo, su poder político sale debilitado, puesto que los nobles del siglo XVIII confiaban más en las inversiones tradicionales que en nuevas actividades de alto riesgo, como la industria moderna.

LA TERCERA REVOLUCIÓN INDUSTRIAL

Para distinguir cada revolución industrial, los historiadores a menudo han asumido una coherencia entre las formas de energía, los materiales, la tecnología de transporte y los sectores de consumo. La primera ha sido encarnada por la máquina de vapor, el carbón, los ferrocarriles y las industrias textiles. La segunda es el resultado de la interconexión entre el acero, la electricidad, la síntesis química, los automóviles y las energías fósiles.

Algunos consideran que la segunda revolución aún no ha acabado, y que no lo hará seguramente mientras la humanidad no abandone las energías fósiles (es decir, no renovables). Una vez esta terminada, podría comenzar la Tercera Revolución Industrial, presumiblemente marcada por la energía verde. Para otros, esta nueva revolución estará marcada por la nanotecnología, la biotecnología, la tecnología de la información y las ciencias cognitivas (NBIC), que le abrirán a la humanidad un horizonte prácticamente ilimitado. Otros creen que la tercera revolución ya ha tenido lugar, refiriéndose al desarrollo de la informática que se inicia en los años ochenta. También hay quienes dicen que ha comenzado ahora, con la democratización de las impresoras 3D y el software de código abierto, que hacen que las herramientas de producción sean accesibles para todos.

Lo que está claro es que las revoluciones industriales que comenzaron a partir de finales del siglo XVIII instauraron una sociedad basada en la constante necesidad de crecimiento y de progreso, y que esto todavía no ha terminado.

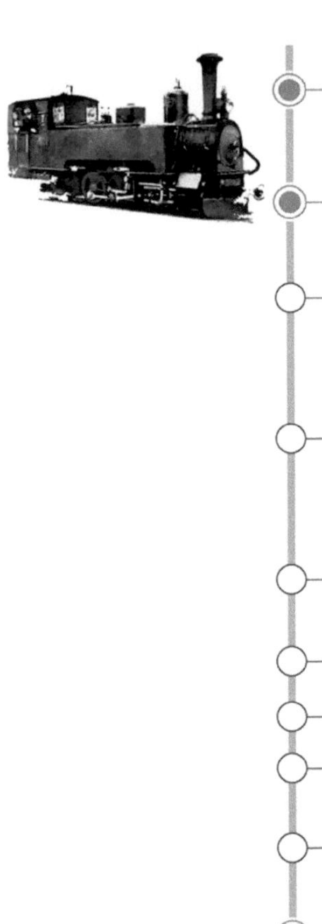

1733
John Kay registra una patente para su lanzadera volante

1750
Inicio de la Primera Revolución Industrial

1769
James Watt registra una patente para las mejoras realizadas en la máquina de vapor de Thomas Newcomen

1800
Aparición de los primeros transportes de personas sobre raíles

1850
Fin de la Primera Revolución Industrial

1870
Inicio de la Segunda Revolución Industrial

1877
Thomas Edison patenta su fonógrafo

1879
Thomas Edison patenta su bombilla incandescente

1885
Benz crea el triciclo motorizado

1914
Fin de la Segunda Revolución Industrial

Las revoluciones industriales ©50MINUTOS.es

- Inglaterra es el primer país europeo en industrializarse a finales del siglo XVIII gracias a un crecimiento más fuerte. Esto se debe a muchos factores: la población y la demanda de consumo aumentan de forma espectacular, y se dispone de conocimientos técnicos y del capital necesario para su desarrollo

- El papel de los inventores en la industrialización es importante. Al principio, no son más que manitas que intentan mejorar las herramientas que tienen a su disposición a través de la observación y de la experimentación. La Segunda Revolución Industrial ve, por su parte, la llegada de científicos experimentados que basan sus invenciones en el conocimiento aplicado.

- Durante el XIX, la industrialización se extiende por Europa occidental y llega a los Estados Unidos, que se convierten en la primera potencia industrial a principios del siglo siguiente.

- Las consecuencias de estas revoluciones industriales son múltiples y afectan a todos los sectores de la sociedad.

- Aparecen dos nuevas clases sociales en los albores de la Primera Guerra Mundial: la clase obrera, que vive sumida en una gran precariedad, y la gran burguesía de negocios, que participa cada vez más en las decisiones políticas. La brecha entre las capas inferiores (los trabajadores) y las superiores (la burguesía) de la sociedad se hace más profunda y las tensiones sociales se intensifican cada vez más.

- La población de los países industrializados aumenta de manera espectacular gracias a los progresos logrados en todos los ámbitos, como en el transporte, la agricultura y la medicina.

- Aunque algunos consideran que la segunda revolución solo se completará cuando abandonemos los combustibles fósiles, otros consideran que la tercera revolución ya ha comenzado y que esta vez está relacionada con el desarrollo de la informática. De todos modos, el tipo de sociedad establecida por la primera revolución, caracterizada por la constante búsqueda de progreso, está lejos de haber terminado.

¡Tu opinión nos interesa!
¡Deja un comentario en la página web de tu librería en línea,
y comparte tus favoritos en las redes sociales!

PARA IR MÁS ALLÁ

FUENTES BIBLIOGRÁFICAS

- Barnett, David. 1998. *London, Hub of the Industrial Revolution. A Revisionary History: 1775-1825*. Londres: Tauris Academic Studies.
- Beauchamp, Cantal. 1997. *Révolution industrielle et croissance économique au XIXe siècle*. París: Ellipses.
- Cochet, François y Gérard Henry. 1995. *Les révolutions industrielles. Processus historiques. Développements économiques*. París: Armand Colin.
- Farr, James R. 2003. *Industrial Revolution in Europe. 1750-1914*. Nueva York: Thomson/Gale.
- Horn, Jeff. 2007. *The Industrial Revolution*. Londres: Greenwood Press.
- Meignen, Louis. 1996. *Histoire de la révolution industrielle et du développement. 1776-1914*. París: Presses universitaires de France.
- Merriman, John y Jay Winter. 2006. *Europe from 1789 to 1914: Encyclopedia of the Age of Industry and Empire*. Detroit: Charles Scribner's sons.
- Morris, Charles R. 2012. *The Dawn of Innovation. The First American Industrial Revolution*. Filadelfia: Public Affairs.
- Rioux, Jean-Pierre. 1971. *La révolution industrielle. 1780-1880*. París: Seuil.
- Stearns, Peter N. 2013. *The Industrial Revolution in World History*. Boulder: Westview Press.
- Verley, Patrick. 2006. *La première révolution industrielle*. París: Armand Colin.

FUENTES COMPLEMENTARIAS

- Anderson, Chris. 2012. *Makers. La nouvelle révolution industrielle*. París: Pearson.
- Rifkin, Jeremy. 2012. *La troisième révolution industrielle. Comment le pouvoir latéral va transformer l'énergie, l'économie et le monde?* París: Les liens qui libèrent.

FUENTES ICONOGRÁFICAS

- Retrato de John Kay. Encima de la mesa hay un ejemplo de lanzadera volante. La imagen reproducida está libre de derechos.
- Retrato de James Watt, cuadro de Carl Frederik von Breda. La imagen reproducida está libre de derechos.
- Reproducción de una máquina de vapor diseñada por James Watt. © Nicolas Perez.
- Retrato de Karl Benz. La imagen reproducida está libre de derechos.
- Triciclo motorizado de Benz que hace su aparición en 1888. La imagen reproducida está libre de derechos.
- Retrato de Thomas Edison posando con su bombilla incandescente. La imagen reproducida está libre de derechos.
- Inauguración de la línea que conecta Manchester con Liverpool en 1830. La imagen reproducida está libre de derechos.
- La fundición (Cíclopes modernos), cuadro de Adolph von Menzel que representa las condiciones de trabajo de los obreros a finales del siglo XIX. La imagen reproducida está libre de derechos.

DOCUMENTALES

- *Sieg der Feuermaschine (El triunfo de la máquina de vapor)*. Dirigido por Achim Scheunert y Axel Engstfeld. Alemania, 2008.
- *Steam revolution (La revolución del vapor)*. Dirigido por Jeremy Cross, Chris Lethbridge y Jeremy Llewellyn-Jones. Gran Bretaña, 2010.
- *Capitalismo*. Serie de seis documentales. Dirigidos por Ilan Ziv. Francia, 2014.

¡APRENDER NUNCA ANTES FUE TAN RÁPIDO!

www.en50minutos.es

ISBN ebook : 9782806278586

ISBN papel : 9782806281647

Depósito legal : D/2016/12603/220

Libro realizado por Primento*, el socio digital de los editores*